Inhalt

Location Intelligence - Big Brother is Watching You &

Kernthesen

Beitrag

Fallbeispiele

Weiterführende Literatur

Impressum

Location Intelligence - Big Brother is Watching You &

Harald Reil

Kernthesen

- Location-Intelligence-Tools scheinen sich auf breiter Front durchzusetzen. Der banale Grund: Die Zeit ist dafür reif.
- Moderne Geoinformationssysteme sind so vielseitig, dass es kaum eine Branche gibt, die davon nicht profitiert.
- Energieversorgern helfen sie bei der Planung von Stromtrassen, Medizinern bei der Korrelation von Umwelteinflüssen und Krankheit, Versicherern bei der Prämienberechnung.
- Geodaten-Tools werden sich aber auch bei der Entwicklung neuer Geschäftsideen

bewähren.

Beitrag

Location-Intelligence-Tools entfalten ihr Potenzial

Auch wenn Location-Intelligence-Tools (LI-Tools) schon seit Jahren auf dem Markt sind, scheint sich ihr Potenzial erst jetzt zu entfalten. Einige Experten machen dafür folgende Gründe verantwortlich: Geo-Dienstleistungen wie "Google Earth" oder "Around Me" haben sich bei Privatnutzern zu beliebten Services gemausert. Die Sensibilisierung für die Nützlichkeit dieser Anwendungen hat auch einen großen Einfluss auf die Geschäftswelt. Zweitens wird die Datendichte und -qualität immer besser. Die zunehmende Nutzung des mobilen Internets hinterlässt jede Menge Geodaten, die Unternehmen mit raffinierten LI-Tools gewinnbringend nutzen. Drittens lassen sich die neuen Geoinformationssysteme leichter als früher in bestehende IT-Infrastrukturen eingliedern. Schließlich gestaltet sich auch der Zugriff auf die Geodaten einfacher als noch vor wenigen Jahren. Dank Smartphones und Tablets sind sie von überall abrufbar und - ein weiterer Vorteil - sie lassen sich mit anderen Informationen so verknüpfen, dass Unternehmen ihre Kunden noch genauer und zielgerichteter ansprechen können als früher. (1)

Einsatz von LT-Tools sind kaum Grenzen gesetzt

Angesichts der vielseitigen Einsatzmöglichkeiten von Location-Intelligence-Tools ist es kein Wunder, dass sie in den verschiedensten Branchen und Industrien zu finden sind. Mit Geodaten korrelieren Mediziner Umwelteinflüsse und die Anfälligkeit von Menschen für bestimmte Krankheiten. Versicherungen können Risiken besser abschätzen und so ihre Prämienberechnungen optimieren. Die Finanzindustrie arbeitet mit Geoinformationssystemen, um neue Kunden zu akquirieren. Telekommunikationsunternehmen verbessern mithilfe der Auswertung von Geodaten die Platzierung ihrer Sendemasten.
Branchenübergreifend erleichtert die Analyse von Lokalisierungsinformationen die Planung neuer Filialen. Firmen bringen ihre Werbung punktgenauer an den Mann beziehungsweise an die Frau. Kurz: Dem Einsatz moderner LI-Tools scheinen kaum Grenzen gesetzt. (1), (2)

Wie unter der Lupe ...

Genau dies stößt Datenhütern aber sauer auf. Denn Location-Intelligence-Tools zoomen sozusagen in das Leben der Bürger hinein und betrachten sie wie unter einer Lupe. Kommentatoren haben das an einem Beispiel festgemacht. Nehmen wir das Haus "Am Kupfergraben 6", das in Berlin-Mitte steht. Dort leben laut Angaben der Geomarketingagentur Infas Geodaten keine Ausländer, sondern Deutsche im Alter zwischen 51 und 60 Jahren. Sie haben keine besonders stark ausgeprägte Abneigung gegen Kundenkarten, sind aber auch nicht gerade enthusiastisch, was sie betrifft. Dasselbe Profil gilt für ihre Einstellung zu privaten Krankenversicherungen. Die Bewohner des Hauses nutzen das Internet nicht gerade exzessiv, dafür aber leiden sie überdurchschnittlich oft an Diabetes und Arthrose. So interessant diese Angaben für Unternehmen unter Marketinggesichtspunkten auch sein mögen, das unheimliche Gefühl, dass der große Bruder aus George Orwells Roman durchs Guckloch späht, lässt sich angesichts der doch einigermaßen erstaunlichen Informationsdichte kaum vermeiden. In dem Haus wohnt übrigens auch eine gewisse Frau Merkel. Von ihr kennt man sogar den Beruf: Sie ist Bundeskanzlerin. (2)

Trends

LI-Tools steht glänzende Zukunft bevor

Da 80 Prozent der Daten, die Unternehmen über ihre Kunden gesammelt haben, in irgendeiner Weise mit Ortsangaben verknüpft sind, ist davon auszugehen, dass immer mehr Marketingverantwortliche diesen Schatz heben werden - und zwar eher früher als später. Dafür spricht auch, dass Geodaten dank der weltweiten massiven Nutzung des mobilen Internets bereits jetzt im Übermaß vorhanden sind. Die Location-Intelligence-Tools werden sich außerdem weiterentwickeln und daher immer punktgenauere und in die Tiefe gehende Auswertungsoptionen bieten. Auf den Vertrieb von Geoinfo-Systemen spezialisierte Unternehmen werden zudem versuchen, sich von Mitbewerben abzusetzen und maßgeschneiderte Lösungen für bestimmte Branchen zu entwickeln. Schon die heutige Generation der LI-Tools lässt sich leichter in bestehende IT-Infrastrukturen integrieren als frühere Varianten. Schließlich wird auch die Vorreiterrolle einiger Trendsetter-Firmen dafür sorgen, dass sich eine Sogwirkung entwickelt, der sich immer noch zögerliche Unternehmen auf Dauer kaum entziehen können werden, wollen sie nicht auf der Strecke bleiben. Kurz: Den Location-Intelligence-Tools steht aller Voraussicht nach eine glänzende Zukunft bevor. (2), (3)

Echtzeit-Selling auf Basis von Lokalisierungsdaten

Mithilfe ausgefeilter Location-Intelligence-Technologien lassen sich auch neue Geschäftsmodelle entwickeln. Ein denkbares Beispiel: Supermarktbetreiber, die wissen, dass sich ein Kunde in der Filiale X vor dem Regal Y aufhält, können die Kaufentscheidung beeinflussen, indem sie ihm in Echtzeit Empfehlungen oder Rabatte auf sein Smartphone schicken. Dass diese Idee alles andere als weit hergeholt ist, zeigt eine Freizeit-App, die schon mit diesem Prinzip arbeitet. Entwickelt hat sie das Start-up-Unternehmen Xeebel. Genutzt wird sie von Eventmanagern, die zum Beispiel Partylöwen, die sich in der Nähe aufhalten und deren persönliche Daten mit jenen der Zielgruppe kompatibel sind, auf ihre Veranstaltung locken wollen. (1), (4)

Fallbeispiele

Carrefour will mit Geodashboard Geschäfte ankurbeln

Die Carrefour Group will mit einer smarten Location-Intelligence-Lösung namens Geodashboard ihre Geschäfte ankurbeln. Genauer: Die Software soll Europas größten Einzelhändler bei seiner Entwicklungs- und Expansionsstrategie unterstützen und dabei helfen, Marketingaktionen zu verbessern sowie die Performanz der einzelnen Geschäfte zu optimieren. Die Software stellt auf interaktiven Karten Informationen zur Verfügung, mit denen sich unter anderem Wettbewerbsanalysen ausführen lassen. Mit der Aufbereitung von Geodaten lassen sich aber auch Trends ausmachen, die bei einer Darstellung in Tabellen- und Chartform oder einer herkömmlichen Business-Intelligence-Anwendung nicht identifizierbar wären. Vertrieben wird die Software von dem Unternehmen Galigeo, einem Partner des in Redlands, Kalifornien, ansässigen Softwareherstellers ESRI Inc. (5)

LI-Anwendungen helfen bei der Planung von Stromtrassen

Vom 8. bis 10. Oktober dieses Jahres werden Experten auf der Fachmesse INTERGEO in Essen unter anderem darüber diskutieren, auf welche Weise sich die Energiewende mithilfe von LI-Tools vorantreiben lässt. Eines der Themen, das in Vorträgen und Diskussionsrunden während eines Kongressteils mit dem Titel "Geoinformation im Kontext der Energiewende" behandelt wird: die Erstellung von Konzepten für den Ausbau von Stromtrassen. (6)

Exasol - Geodaten-Tool für Fahrzeugbranchen

Ein Geoinformationssystem namens Exasol unterstützt die Dataforce GmbH bei der Betreuung ihrer Kunden. Das Unternehmen, das sich auf die Beratung von Klienten der Auto- und Nutzfahrzeugbranchen spezialisiert hat, verwendet das Geomappingsystem beispielsweise für die Erstellung von Neuzulassungsstatistiken oder für die Generierung von Übersichten zur aktuellen Lage auf dem Neu- und Gebrauchtwagenmarkt. (7)

Mit Geomapping auf Ganovenjagd

Geomapping kann aber nicht nur Unternehmen zu mehr Umsätzen verhelfen, es soll auch die Aufklärungsquote der Polizei bei der Verbrechensbekämpfung nach oben schrauben.

Grundlage dafür sind Informationen, auf die Behörden dank politischer Initiativen wie der Geodateninfrastruktur DE oder der europaweit geltenden Richtlinie INSPIRE zugreifen können. Die Zeiten, in denen Kommissare - überspitzt ausgedrückt - mit bunten Stecknadelköpfen, die sie in analoge Landkarten pinnten, auf Ganovenjagd gingen, sind wohl endgültig vorbei. Dank moderner GIS-Systeme lassen sich zum Beispiel auffällige Verbrechensmuster in bestimmten Gegenden viel leichter und schneller als früher analysieren und damit effiziente Gegenmaßnahmen ergreifen. In Deutschland ist Bayern führend bei dem Einsatz von Geomapping. Die rund 34 000 Polizisten des Bundeslandes vertrauen dabei wie viele Großunternehmen auch auf eine Software, die ESRI entwickelt hat. (8)

Weiterführende Literatur

(1) Location Intelligence Geocodierung macht Analysen räumlich
aus is report, Heft 06-07/2013, S. 42-45

(2) Unterwegs im Raum
aus acquisa, Vol. 55, Heft 02/2012, S. 16-21

(3) Rückschlag Kunden als Konsumenten „to go"
aus is report, Heft 06-07/2013, S. 50

(4) A new web solution allowing bar operators and event organisers the chance to influence the mix of guests with mobile coupons (PICTURES)
aus ots news schweiz - Mixed vom 5.12.2012

(5) Carrefour Strengthens Business Analytics with the Addition of Location Intelligence
aus ots news schweiz - Mixed vom 5.12.2012

(6) Geodaten und Energiewende
aus ZfK-Zeitung für kommunale Wirtschaft, Heft 08/2013, S. 22

(7) Bessere Planung und mehr Einblick durch Geodaten-Intelligenz
aus VDI NR. 40 VOM 05.10.2012 SEITE 11

(8) GIS-basiertes Crime Mapping
aus Behörden Spiegel Heft 07/2013

Impressum

Location Intelligence - Big Brother is Watching You &

Bibliografische Information der deutschen Nationalbibliothek

Die Deutsche Nationalbibliothek verzeichnet diese Publikation in der deutschen Nationalbibliografie; detaillierte bibliografische Daten sind im Internet über http://dnb.d-nb.de abrufbar.

ISBN: 978-3-7379-0403-2

© 2015 GBI-Genios Deutsche Wirtschaftsdatenbank GmbH, Freischützstraße 96, 81927 München, www.genios.de

Alle Rechte vorbehalten. Dieses Werk ist einschließlich aller seiner Teile – z.B. Texte, Tabellen und Grafiken - urheberrechtlich geschützt. Jede Verwertung außerhalb der Grenzen des Urheberrechtsgesetzes bedarf der vorherigen Zustimmung des Verlags. Dies gilt insbesondere auch für auszugsweise Nachdrucke, fotomechanische Vervielfältigungen (Fotokopie/Mikroskopie), Übersetzungen, Auswertungen durch Datenbanken oder ähnliche Einrichtungen und die Einspeicherung und Verarbeitung in elektronischen Systemen.